ÉLOGE DE LIOUVILLE

19139 PARIS. — TYPOGRAPHIE ET LITHOGRAPHIE RENOU ET MAULDE, RUE DE RIVOLI 144.

BARREAU DE PARIS

—

ÉLOGE

DE

FÉLIX LIOUVILLE

ANCIEN BATONNIER DE L'ORDRE DES AVOCATS

DISCOURS

PRONONCÉ À L'OUVERTURE DE LA CONFÉRENCE DES AVOCATS

LE SIX DÉCEMBRE 1862

PAR

EUGÈNE POUILLET

AVOCAT A LA COUR DE PARIS

———○———

PARIS

TYPOGRAPHIE ET LITHOGRAPHIE RENOU ET MAULDE

RUE DE RIVOLI, 144

—

1863

ÉLOGE

DE

J. B. S. FÉLIX LIOUVILLE

ANCIEN BATONNIER DE L'ORDRE DES AVOCATS

DE PARIS

———

Messieurs et chers Confrères,

Vers la fin de l'année judiciaire 1827, un tout jeune avocat stagiaire se présentait devant la première chambre du Tribunal de la Seine, comme adversaire de Me Barthe, dont la renommée était alors dans son plus brillant éclat, et, dominant non sans peine l'émotion qui l'agitait, il expliquait ainsi sa présence à la barre :

« Une voix plus éloquente que la mienne, disait-il aux magis-
« trats, devait présenter à votre justice les réclamations de la
« famille Jacquinot. Le départ précipité de Me Dupin nous prive
« de cet habile défenseur, et vous voyez paraître à sa place un
« jeune homme sans talent, sans nom, et qui parle pour la pre-
« mière fois devant un Tribunal. »

A trente années de là, le jeune stagiaire, devenu par son travail, par sa probité, par son dévouement à notre profession, par
l'excellence de son patronage, l'un des premiers de son ordre,
était élu Bâtonnier.

Et voilà comment aujourd'hui, jeune comme il l'était lors de
son début, plus obscur encore et plus inconnu, plus inexpéri-

menté surtout, je viens, sans autre appui que la bienveillance de ceux qui m'écoutent, prononcer devant vous l'éloge du maître que la mort nous a si prématurément ravi.

C'est à l'indulgente bonté des anciens que je dois cet honneur, et je les en remercie : honneur bien grand, si je le mesure au talent que nous avons perdu ! honneur bien périlleux pour moi, si je songe à l'insuffisance de ma parole ! honneur qui cependant n'a rien qui m'effraie et me trouble, tant je puise de courage dans l'amitié qui depuis mon enfance me lie avec les fils de Liouville, et m'a, moi aussi, fait entrer, pour ainsi dire, dans sa famille.

Ce n'est pas toutefois que cette amitié m'aveugle : j'ai pensé que je devais à Liouville, que je vous devais à vous, comme à moi-même, de dire la vérité, différant en cela du sentiment de ceux qui croient qu'un éloge peut être impunément une légende, et que le narrateur, disposant à son gré les lignes et les contours, n'a qu'à présenter une figure de son imagination. J'ai involontairement songé, — pardonnez-moi ce souvenir, qui vous paraîtra bien ambitieux peut-être, — j'ai songé à cette vieille coutume des Égyptiens, qui faisaient le procès au cadavre de leur souverain, et, suivant les vertus ou les crimes de son règne, conservaient pieusement sa cendre ou la dispersaient à tous les vents. Liouville fut un des chefs de notre Ordre : examinez donc avec moi quelle fût sa vie, et jugez-en tous les actes.

Félix Liouville est né à Lille le 9 nivôse an XII (1). La République n'existait plus que sur le calendrier. Son père était capitaine au 28ᵉ régiment de ligne. Les hasards du service militaire l'avaient conduit à Lille ; ils l'en éloignèrent bientôt. Liouville n'eut donc pas le temps de s'attacher à sa ville natale ; il n'avait pas huit ans quand le régiment de son père quitta sa garnison et vint, en passant par les champs de bataille d'Ulm, d'Austerlitz et d'Iéna, se reposer à Saint-Omer.

Liouville y commença ses études, dirigé au début par les soins

(1) Sa famille est originaire de Lorraine. C'est de Vignot, petit village près de Commercy (Meuse) que partit son père pour s'engager dans les armées de la République.

tendres et éclairés d'une mère qui fut bientôt enlevée à son amour. En 1815, il fallut rejoindre les débris de la Grande-Armée, qui se ralliaient sur les bords de la Loire. On se mit en marche ; mais, quelque diligence qu'on fît, on ne put échapper aux Prussiens, qui coupèrent la route aux environs de Jouy.

Le château, où Liouville avec son père avait trouvé l'hospitalité, fut bientôt envahi par les alliés, et il put les voir à l'œuvre, je veux dire au pillage. Tout enfant qu'il était, il sentit vivement l'humiliation de son pays, et il ne pardonna jamais à ceux qui se faisaient ramener par l'ennemi, ou du moins revenaient derrière lui.

Il vint continuer ses études à Commercy, puis à Toul, où il fit deux années de rhétorique. On n'avait pas encore imaginé la bifurcation, ou l'art d'apprendre le moins possible. De Toul, il fut envoyé à Nancy pour y suivre la classe de philosophie. Il rencontra là des camarades dont les noms sont devenus célèbres à des titres différents. C'étaient M. Poirel, ingénieur en chef des ponts et chaussées ; M. Gillet, vice-président du Tribunal de Nancy ; M. Schneider, l'ancien ministre ; Ziégler, le peintre ; j'en passe et des meilleurs. On étudiait alors sérieusement la philosophie, et ce ne fut pas un mince succès pour Liouville que de remporter dans cette classe le prix d'honneur.

Chose remarquable ! Lui qui, plus tard, devait être un philosophe dans toute la pureté idéale de ce mot, il se laissa d'abord aller au mysticisme de la religion catholique. Son âme d'artiste fut frappée sans doute par la grandeur des cérémonies, la magnificence des temples, et cette auguste légende d'un Dieu, mourant sur la croix pour sauver le monde, le toucha profondément, lui dont le cœur fut toujours prêt au dévouement et au sacrifice.

J'ai tenu à vous signaler ce changement qui, selon moi, est caractéristique. Liouville ne suivit pas la voie dans laquelle le hasard l'avait placé, sans réflexion et derrière la foule. Il chercha sa route et il sut la trouver ; et, quand il l'eut trouvée, il sut s'y maintenir. Que de gens ne se doutent seulement pas qu'ils sont égarés ! Combien même n'en est-il pas qui, voyant le chemin, mais le jugeant trop difficile pour leurs pieds délicats, préfèrent se perdre de propos délibéré !

Liouville vint à l'École de droit de Paris en 1821. Il avait dix-huit ans. A vingt ans, il était licencié, et, l'année suivante, il était un des cinq docteurs reçus à Paris. Il prêta serment, se fit inscrire au stage et se décida, dans le même temps, à travailler chez un avoué. Cette résolution lui coûta beaucoup, et ce fut sans enthousiasme qu'il se mit, comme il l'écrit quelque part, à griffonner du papier timbré, depuis neuf heures du matin jusqu'à six heures du soir. Cependant, comme il craignait de ressembler à *ces arbres précoces qui ne donnent aucun fruit pour s'être hâtés de fleurir avant les gelées*, — c'est ainsi qu'il appelait les stagiaires qui débutent au Palais sans avoir été clercs d'avoué, — il surmonta ses dégoûts, triompha de sa répugnance, et se condamna à quatre années de cléricature forcée. C'est là, Messieurs, un des traits essentiels du caractère de Liouville. Il avait la persévérance, c'est-à-dire la moitié du génie. Quand il s'était proposé un but, il y marchait d'un pas ferme, sans que rien pût l'en détourner. Les obstacles ne l'arrêtaient que le temps de les mesurer et de les franchir. Ce n'est pas que le courage ne vînt parfois à lui manquer, comme à tout homme ; mais il reprenait bientôt des forces : il avait un talisman merveilleux pour cela ; c'était son amour filial. Liouville adorait son père ; il s'était dit : « En retour des sacrifices qu'il a faits pour moi, « je lui rendrai le bonheur ; je me ferai grand, je deviendrai « illustre, non par amour de la gloire, mais par amour pour mon « père. Mon talent sera son trophée ; ma renommée l'hommage « de ma reconnaissance. » Et ce fut cette ambition filiale, la plus noble des ambitions, qui le soutint pendant toute sa vie. Il se fût considéré comme un fils ingrat, s'il n'était pas sorti vainqueur du combat de la vie.

Liouville savait que le regard le plus sévère n'eût pu découvrir dans toute la vie de son père l'ombre d'une tache, et c'est de là que venait sa vénération. Il eût sacrifié ses penchants, ses

goûts, ses projets les plus chers, s'il eût soupçonné que son père
le désirât. Aussi écrivait-il à l'un de ses amis, qui le consultait
sur le choix d'une profession : « Dans tous les cas, la volonté
« de ton père doit être ta loi ; il est très-vrai que ton état pourra
« en souffrir, mais, s'il le veut, tu n'as rien à répondre. » La
foi, dit-on, soulève les montagnes ; que ne pouvait-on attendre
de l'amour filial auquel obéissait Liouville?

Cependant il ne se contentait pas de suivre assidûment l'étude
de l'avoué ; cela ne suffisait pas à l'ardeur de sa nature laborieuse.
Il allait encore, dès qu'il pouvait s'échapper, aux cours de Vil-
lemain et d'Andrieux, et achevait ainsi, sous ces maîtres, son
éducation littéraire. Il s'abandonnait lui-même, dans ses mo-
ments de loisir, à la poésie, et, comme il n'est pas un d'entre nous
peut-être qui n'ait, au sortir du collége, rêvé d'égaler Corneille ou
Hugo, il a laissé dans ses papiers une tragédie ébauchée. Tra-
dition charmante, que chaque génération lègue à celle qui la
suit ! Souvenir délicieux d'un âge où le cœur a soif d'illusion et
d'idéal ! Heures saintes de la jeunesse, où tous les hommes,
souvent en dépit d'eux-mêmes, sont poëtes ! Liouville conserva
toujours, avec un soin pieux, ces confidents discrets de ses premières pensées, et souvent, après quelqu'une de ces affaires
bien graves, bien embrouillées, qui avaient mis son esprit à la
torture, il les revit en souriant et s'entretint avec eux de ces
jours si vite écoulés où tout était pour lui fête et poésie !

Vous me pardonnerez, Messieurs, si j'insiste sur la jeunesse
de Liouville, mais l'homme est là tout entier ; il se révèle déjà
tel qu'il doit être, ardent, sensible, aimant. Je vous l'ai montré
tout à l'heure visité par la muse tragique ; le voici maintenant
sur la terre, en pleine réalité, en face des abus qui le froissent et
l'indignent, tour à tour grave ou léger, toujours vrai, toujours profond.

A cette époque, un homme célèbre, dont le nom n'appartient
pas encore à l'histoire, avait, en attendant les querelles de la
postérité, un démêlé sérieux avec quelques-uns de ses contempo-
rains. Il était accusé, lui le farouche ennemi des jésuites, de

s'être rendu mystérieusement dans une de leurs communautés, et là, dans une cérémonie religieuse, d'avoir porté le dais au-dessus du Saint-Sacrement. Vous voyez que le crime était grave ! L'accusé se défend dans une lettre en protestant qu'il n'est pas homme de parti. Liouville relève ce mot, et, prenant aussitôt la plume, il écrit ces lignes, que vous méditerez comme je les ai méditées moi-même, et que nous garderons tous désormais dans notre mémoire pour ne les plus oublier :

> « Je soutiens qu'il faut être homme de parti. Oh ! qu'elle était sage cette loi d'une ancienne République, par laquelle tout homme qui s'abstenait de prendre un parti dans les dissensions civiles était déclaré infâme et puni comme tel ! Sans cela, en effet, l'apathie des bons entraîne la perte de l'Etat. Les tyrans ne demandent rien que le sommeil et la léthargie de ceux qui pourraient s'opposer à leurs desseins. C'est pour cela que César disait : ceux qui ne sont pas mes ennemis sont mes amis ; tandis que le défenseur du Peuple faisait proclamer qu'il regardait comme ennemis tous ceux qui ne se disaient pas ses amis... »

Qu'ajouter à de telles paroles, sinon qu'on a la ferme volonté de les appliquer ; sinon qu'on est résolu d'être homme de parti, comme l'entend Liouville ; sinon qu'à son exemple, tous ici, nous serons citoyens même avant d'être avocats !

Il est vrai qu'une pareille résolution est difficile à tenir ! Le sommeil a tant de charmes ! On n'aperçoit plus rien des misères et des hontes de la vie, et même on peut rêver qu'on est pour le mieux dans le meilleur des mondes possible. Les plus vigilants se laissent donc aller à la contagion universelle, et finissent eux-mêmes par fermer les yeux, sans compter qu'il y en a beaucoup qui dorment tout éveillés, et qui ne s'en doutent pas. Eh bien ! même alors il ne faut pas perdre courage, et, si petit que soit le nombre de ceux qui veillent, ils n'en doivent pas moins veiller encore, toujours veiller. Écoutez plutôt ce que dit Liouville.

C'est à propos de la loi sur la police de la presse, préparée en 1827 par M. de Peyronnet. Quelques députés l'avaient énergiquement combattue ; mais c'étaient Casimir Périer, Benjamin

Constant, Sébastiani, Royer-Collard ; mais ils demandaient la liberté de la presse, ils avaient pour eux la raison, le droit, la vérité ; c'étaient autant de motifs pour que leurs collègues, fidèles à leurs habitudes, les entendissent sans toutefois les écouter : Ils n'y manquèrent pas. En revanche, ils ne parlèrent eux-mêmes que pour interrompre les orateurs et réclamer la clôture. Puis, satisfaits de cet effort de haute éloquence, ils adoptèrent la loi à une majorité de 233 voix. Telle fut pourtant la puissance de cette opposition si dérisoire, à ne compter que ses membres, que le ministère, confus de sa victoire, retira de lui-même sa *loi d'amour et de justice* — c'est ainsi qu'il l'appelait — peu de temps après l'avoir présentée à la Chambre des Pairs. Le lendemain Liouville écrivit :

> « Ils ne sont que six ! et voyez cependant quel effet a produit leur voix éloquente et courageuse ! Ils ne sont que six ! mais l'opinion les appuie, et vous reculez devant eux !

Et il ajoute :

> « La raison humaine peut encore espérer des triomphes, puisque la Secte a baissé pavillon. Les gens de bien, par cet exemple, peuvent apprendre que la cause de la vérité n'est jamais perdue, et qu'une voix seule suffit pour en assurer la victoire. »

Ces paroles, je crois, sont de tous les temps, et vous trouverez peut-être, aujourd'hui, qu'elles se passent de commentaires.

A ces travaux de la jeunesse de Liouville, il en faut ajouter d'autres plus juridiques, sur le mariage des prêtres, sur la cause des erreurs judiciaires, et qui, par leur nature même, le rapprochaient davantage de son but. Ce n'est pas qu'il jugeât les premiers inutiles, ou qu'il les considérât comme de pures récréations seulement : il y attachait au contraire une véritable importance ; il pensait, et c'est ce que j'ai voulu vous faire saisir, que l'avocat doit être doublé d'un citoyen, et que posséder la science du droit et le don de la parole n'est pour lui quelque chose qu'à la condition qu'il initie son esprit à toutes les idées nouvelles, à tous les besoins du progrès, à toutes les souffrances de l'humanité.

Certes, je ne veux pas calomnier la jeunesse de mon temps; elle renferme, il est vrai, quelques fanfarons de vices, qui mettent toute leur vanité à se rendre ridicules : mais chaque époque a ses incroyables, et la vraie jeunesse est ailleurs. Je sais tout ce qu'elle cache d'ardents désirs, de fièvres généreuses, quelquefois même sous une apparente indifférence ; je sais que son enthousiasme est non pas mort, comme on l'a dit, mais prudemment mis en réserve pour des choses qui en soient dignes; je sais que, pour être forcément obscure et silencieuse, sa marche n'en est pas moins continue et moins assurée; je sais tout cela : mais j'avoue néanmoins que c'est en vain qu'autour de moi je cherche la patience de Liouville, et surtout cette science si rare, si difficile à acquérir, et qui consiste à savoir, comme lui, employer son temps et tout son temps. On trouverait, je crois, aujourd'hui peu de clercs d'avoué qui, le soir, pour se délasser de la procédure, écrivissent leurs impressions sur la question romaine ou sur l'expédition du Mexique.

C'est au milieu de ces travaux, qui mûrissaient son jugement, que Liouville débuta au barreau. Vous connaissez tous les circonstances particulières de ce début. Liouville était premier clerc chez Mᵉ Oger, et il avait, en cette qualité, dirigé pour la famille Jacquinot un procès en captation de testament. Il s'agissait d'arracher une somme considérable de cette fameuse *boîte à Perrette*, dont parle Nicole, et qui recevait si discrètement les fidéicommis destinés aux communautés religieuses. L'affaire était difficile; les adversaires étaient puissants. Mᵉ Dupin fut chargé de la demande ; c'était Mᵉ Barthe, je vous l'ai dit, qui soutenait les intérêts contraires. Le jour de l'audience approche; mais le défenseur de la famille Jacquinot est tout à coup forcé de quitter Paris. Comment le remplacer, comment espérer surtout que l'avocat sera prêt au jour indiqué, et que, dans le court intervalle qui l'en sépare encore, il pourra étudier et retenir tous les détails d'une cause qui en est surchargée? Une pareille tâche est impossible. On songe alors à Liouville ; parent des demandeurs, il connaissait l'affaire avant qu'elle vînt à l'audience ; depuis, il l'a approfondie ; le fait et le droit lui sont familiers : lui seul peut la plaider. Liouville fut d'abord effrayé d'une aussi grande responsabilité ; mais il eut bientôt mesuré le péril de ses clients, et, séduit par l'espoir de leur être utile, plus encore que par le désir de briller, il accepta la défense qu'on lui confiait. Il avait d'ailleurs la conscience de sa valeur personnelle.

Il n'oublia jamais l'émotion que lui causa cette première affaire, et, plus tard, dans son *Discours sur la Plaidoirie*, il en parlait avec attendrissement.

Cette émotion pourtant ne lui ôta aucun de ses moyens et il sut trouver dans sa péroraison de magnifiques accents : « Ami « sincère de la liberté, s'écria-t-il, je la veux en tout, je la veux « partout, mais surtout dans le domaine de la conscience, et « jamais je ne m'interposerai entre un homme et la Divinité. »

Liouville perdit son procès devant le Tribunal ; j'ajoute que Me Dupin ne le gagna pas davantage à la Cour. Mais cette première cause fut pour le jeune avocat un premier triomphe précurseur de beaucoup d'autres. Vous savez pourtant quel en fut le revers. Liouville était tout à la fois clerc d'avoué et stagiaire, innocent cumul, qui n'est cependant toléré qu'à la condition qu'on reste parfaitement obscur. Le succès de Liouville l'avait dénoncé à la sévérité du Conseil : il fut mis en demeure de choisir entre le stage et la cléricature. Il n'avait pas encore accompli son temps de procédure ; il sacrifia donc le stage. Peu d'autres l'auraient fait et je le dis à la gloire de Liouville. Il lui fallut, à coup sûr, beaucoup d'énergie pour résister à l'enivrement de sa première victoire, et, monté presque sur le faîte, pour aspirer à redescendre dans une étude d'avoué. Mais il s'était imposé une tâche et il n'était pas homme à la laisser inachevée.

La mode était alors de se venger par des chansons ; vengeance inoffensive, qu'on punissait de la prison. Liouville eût pu chanter sa mésaventure ; sa verve le lui permettait. Il préféra résumer ses griefs sous la forme d'un plaidoyer. Il y démontre la nécessité de la cléricature, l'importance de l'inscription au tableau, la difficulté de l'obtenir avant trente ans, si le clerc d'avoué ne peut être en même temps stagiaire, et il termine par cette boutade :

> « Vous voulez exclure ! excluez ceux qui partagent avec des
> « agents d'affaires, ceux qui se font payer et ne plaident pas ;
> « ceux plus coupables qui se font payer et plaident avec négli-
> « gence ; que si vous n'êtes pas contents, excluez ceux qui dé-
> « truisent la gloire de notre ordre, innocemment et malgré eux,
> « en endormant leur auditoire. »

Qui sait si le Conseil, après ce plaidoyer, n'eût pas fait disparaître de son règlement une incompatibilité peut être un peu subtile ? Mais ce discours eut le sort du *pro Milone*, et ne fut composé qu'après la sentence (1).

Liouville fut enfin inscrit au tableau le 27 août 1830, un mois après l'accomplissement de cette révolution qui changeait de nouveau les destinées de la France et semblait la rendre pour jamais à la liberté. Liouville salua avec joie le triomphe du peuple. Ce n'est pas toutefois que la monarchie, si libérale que fût sa forme, fût le gouvernement de son choix. Liouville, comme tant d'âmes ardentes et généreuses, désirait la République. Mais il était sage dans ses aspirations, prudent jusque dans ses désirs ; il ne voulait pas que trop d'empressement compromît

---

(1) A trente années de là, Liouville, alors bâtonnier, se souvenant de la décision de 1827, et « pour favoriser, comme il l'a dit lui-même, l'étude de la procédure, tout en respectant la règle qui défend aux stagiaires de travailler chez un avoué » proposait au Conseil et faisait adopter par lui le 31 mars 1857 l'arrêté suivant :

« Le Conseil, après avoir entendu M. le bâtonnier en son rapport, « arrête :

« 1° Les stagiaires qui désireront travailler dans une étude pourront « obtenir du Conseil la faculté de suspendre leur stage ;

« 2° Pendant la durée de la suspension ceux qui l'auront obtenue ne « pourront ni exercer les fonctions d'avocats, ni en porter le costume. « Ils ne pourront reprendre le cours de leur stage qu'avec l'autorisation « du Conseil ;

« 3° L'inscription au tableau ne remontera, lorsqu'il y aura eu sus- « pension de stage, qu'à trois années avant la demande d'inscription au « tableau. » —Voy. F. LIOUVILLE, *Profession d'avocat*. II. Le Stage, p. 19.

l'avenir de son pays, et volontiers il eût dit avec Victor Hugo :
« Avant une République, ayons, s'il se peut, une chose pu-
« blique. »

Aussi fut-il de ceux qui pensèrent alors qu'il fallait tout répa-
rer, non tout reconstruire, et qui, reconnaissant à la chambre
des députés le droit de transmettre le pouvoir, ne contestèrent
pas l'opportunité, même la légalité du nouveau gouvernement,
non plus que les garanties de sécurité qu'il assurait à la France.
Gouvernement qui peut-être, en dépit de ses erreurs et de ses
fautes, nous eût conduits par le chemin le plus court vers ces
destinées de l'avenir que nous rêvons tous, mais qui tomba
avant l'heure parce que les peuples se lassent bientôt de l'espérance ! Gouvernement dont le souvenir néanmoins ne périra pas,
car il eut ses jours de liberté vraie et mérita du moins, dans sa
chute, cet éloge bien rare, qu'on ne pût reprocher à son chef
d'avoir jamais violé la Constitution qu'il avait jurée !

A peine entré au Palais, Liouville fut très occupé. Les avoués
et les clients qui l'avaient connu clerc, et le retrouvaient avocat,
savaient le soin méticuleux qu'il apportait dans l'étude des affaires et la façon merveilleuse dont il découvrait toujours le
point délicat. Ils s'adressaient donc de préférence à Liouville,
comme on va plus volontiers chez le médecin qui a suivi longtemps les hôpitaux et s'est ainsi, par une pratique quotidienne,
rendu d'avance toutes les maladies familières.

Son talent et ses succès appelèrent bientôt sur lui l'attention
du ministre de la justice, qui lui fit offrir une place de substitut
dans le ressort de la Cour de Paris. Liouville refusa ; il acceptait
le gouvernement comme une transition nécessaire, mais il ne
voulait pas le servir. Il avait d'ailleurs un trop grand amour de
sa profession pour consentir à la quitter.

Comment avec son caractère ne l'eût-il pas aimée ? Passionné
pour la justice, il ne voyait dans la profession d'avocat qu'un
but, but admirable, faire rendre à chacun le sien. Spirituel,
sensible, logicien serré, il pouvait tour à tour s'adresser à l'esprit, au cœur, à la raison des magistrats. Ame tendre et facile à

se donner, il était heureux d'avoir des clients à consoler, des confrères à chérir. Laborieux et dévoré du besoin d'apprendre, il se réjouissait de rencontrer dans les nécessités de sa cause l'occasion d'éclaircir un point d'histoire, d'approfondir une question de science, de relire un ouvrage de littérature. Dans quelle profession eût-il trouvé cette variété qui fait que les procès se suivent sans se ressembler jamais, et que les fatigues sont largement payées par le plaisir d'avoir acquis une connaissance nouvelle? Ce qui ravissait surtout Liouville, c'était l'indépendance de l'avocat, la conscience qu'il a de ne rien devoir qu'à lui-même, ce droit qu'on ne peut lui enlever de librement penser, librement parler, librement agir sans encourir aucun blâme, sans subir la plus légère influence, sans redouter seulement un contrôle. Il savait enfin que le barreau est la véritable pépinière des hommes d'État, comme la science du droit est celle qui leur est le plus nécessaire.

Liouville demeura donc au Palais, travaillant chaque jour davantage, fuyant davantage chaque jour le bruit des fêtes, les joies du monde. Il lui en coûta plus qu'à nul autre; car lui que vous avez connu sévère, absorbé, soucieux, lui plus que personne, il avait aimé le monde et ses fêtes.

Cependant les dossiers affluaient dans son cabinet; ses audiences étaient surchargées; il fallait faire face à tout : Liouville vécut double. Levé avant le jour, il travaillait jusqu'à sept heures, se reposait pendant une heure environ, puis reprenait ses travaux jusqu'au moment de l'audience. Il rentrait chez lui après avoir plaidé trois et quatre affaires, quelquefois même un plus grand nombre. Il recevait alors ses clients jusqu'à son dîner, lisait ensuite quelques instants et se couchait à neuf heures. Chaque jour ramenait les mêmes travaux, dans le même ordre, avec la même effrayante régularité, sans qu'il laissât à son esprit, toujours en lutte avec les difficultés, un seul instan de repos et de trève.

Il ne me suffit pas de vous rappeler quelle fut son opiniâtreté dans le travail; je dois encore, autant qu'il est en mon pouvoir, vous retracer sa méthode au cabinet et à la barre ; je dois vous le montrer dans ses relations avec les magistrats, avec ses confrères, avec ses collaborateurs.

Sa méthode se résume d'un mot : tout savoir et tout dire. Il mettait le client à la torture pour tirer de lui tout ce qui pouvait être utile à l'affaire, l'interrogeant lui-même et le livrant ensuite à l'un de ses secrétaires. De même, il ne laissait aucune pièce du dossier inexplorée, et, principal ou accessoire, il n'avançait aucun fait dont il n'eût d'abord la preuve entre les mains. Il était d'ailleurs très-circonspect dans le choix des dossiers, et ne se fût jamais chargé d'une affaire qu'il eût jugée mauvaise ; non qu'il se décidât par la chance plus ou moins probable de gagner ou de perdre son procès : il recherchait d'abord la moralité de la cause, parce que, s'intéressant presque malgré lui à ses clients, il tenait à ne donner son intérêt qu'à des personnes qui en fussent véritablement dignes.

Il ne dédaignait pas le fait, mais il aimait surtout à plaider le droit. Aussi, ne trouverait-on pas un seul procès, je crois, où il n'ait soulevé une question de droit ou de procédure, et je dois ajouter, pour achever de le peindre, qu'il était particulièrement heureux quand c'était ce moyen de droit ou de procédure qui lui faisait gagner son procès.

Ses notes étaient toujours très-complètes et composées de telle façon, que la personne la plus étrangère à l'affaire pût, du premier coup d'œil, la saisir et la comprendre. Souvent, pour tout mémoire, il se contentait de les faire imprimer et de les remettre aux magistrats chargés des délibérés, qui ne s'en plaignirent jamais. C'est vous dire avec quel soin, avec quelle clarté elles étaient faites ! Ses notes étaient en même temps son arme la plus redoutable pour ses adversaires ; car, avec elles, il était toujours prêt, et, si ancienne que fût l'affaire, il n'avait besoin d'aucune remise.

A la barre, il était généralement assez long dans ses plaidoiries, non par amour des développements oratoires, mais par scrupule et par crainte d'omettre quelque détail important. Il en était autrement lorsqu'il répliquait. Alors, à la différence de ceux qui

font une seconde plaidoirie sous prétexte de réplique, il oubliait
les détails ou n'en rappelait qu'un très-petit nombre. Il ne s'agissait plus d'exposer l'affaire et de la faire comprendre. Elle était
comprise, il le supposait au moins. Il ne lui restait plus qu'à faire
toucher au juge l'argument décisif : il s'y attachait alors avec
acharnement, le montrait sous toutes les faces vivement, briève-
ment, brillamment, et, l'œil fixé sur le visage des magistrats, il ne
s'arrêtait que lorsqu'il avait saisi dans leurs traits ce signe de
satisfaction presque imperceptible, que laisse toujours échapper
l'homme qui, après bien des hésitations, vient enfin de se former
une opinion.

Il pensait d'ailleurs que la réplique est inséparable du droit
de libre défense, et ce fut un véritable chagrin pour lui que de ne
pouvoir jamais l'obtenir devant la Cour (1).

Le langage de Liouville était ferme, nerveux et correct, mais il
n'était ni très-élevé, ni très-châtié. Il avait même, ce n'est point
offenser sa mémoire que de noter ce détail, il avait même parfois
le mot brutal. On a dit que c'était de la part de Liouville une af-
fectation, et qu'il avait voulu par là se rendre plus original
et se mieux distinguer de ses confrères. Sa vie tout entière pro-
teste contre un semblable reproche, et s'il eut jamais de l'ambition, nous lui devons cette justice qu'il la plaça plus haut.

Ce ne fut cependant pas sans réflexion et sans motif arrêté qu'il
se détermina à plaider souvent en Paysan du Danube. Certes, il ne
suivait pas ses penchants et ses goûts ; il était au contraire porté
de sa nature à l'harmonie du langage, à la richesse de l'expression,
à la beauté de la forme, mais cette élégance du style qu'il avait
d'abord recherchée, il la rejeta volontairement ensuite, comme
une vaine parure, sous l'éclat de laquelle se perd inutilement la

(1) « J'ai la conviction, disait-il, que trente minutes de réplique
assurées feraient gagner à la Cour un temps énorme et lui éviteraient
de longues fatigues. Ce qu'y gagnerait la justice est incalculable ; et
je prédis au premier Président, qui nous accordera ces trente minutes,
une immortalité consacrée par l'éternelle reconnaissance des plaideurs
et du barreau. » F. LIOUVILLE : *Profession d'Avocat*, I, Devoirs, Honneur, etc., p. 58 ; en note : *V.* également II, la Plaidoirie, p. 54.

force de la pensée. Du reste, le nombre et la nature des affaires qui lui étaient confiées l'y forçaient. C'étaient, la plupart du temps, des comptes de tutelle, des comptes de succession, des comptes de société à éclaircir, ou bien des brevets d'invention à défendre, mais c'étaient toujours des chiffres à grouper. Soyez donc éloquent en traitant de l'arithmétique! Quelques-uns y parviennent, il est vrai, mais c'est à la condition de plaider tout, hormis ce qui est dans la cause. Or, Liouville, dans une affaire, ne voyait que son client et ce qu'il regardait comme le bon droit de son client. Il ne cherchait pas des triomphes pour lui-même et des occasions de se faire valoir ; il songeait à gagner son procès. Il se souciait peu de charmer l'oreille de ses auditeurs ; même il ne craignait pas de l'offenser quelquefois, parce qu'il savait que le mot qui les avait choqués resterait ensuite mieux gravé dans leur mémoire et y retiendrait plus sûrement la pensée qu'il exprimait. Il faisait tous ses efforts pour que le débat ne s'élevât jamais, parce qu'il n'ignorait pas que plus on s'élève, plus on est près de se perdre dans les nuages. Et voilà pourquoi, nouvel Antée, il ne voulait pas quitter la terre, voilà pourquoi il y ramenait obstinément son adversaire, voilà pourquoi, lui qui pouvait si bien voler jusqu'aux plus hautes cimes, de lui-même et par dévouement à ses clients, il s'était rogné les ailes. Touchant sacrifice dont plus d'un sourira peut-être, que peu sans doute comprendront, que nul assurément n'aura le courage d'imiter et qui du moins eut ce mérite, rare à une époque où l'on tient tant à l'opinion des hommes, qu'il ne fut pas fait en vue d'obtenir leurs applaudissements.

Je ne veux cependant pas vous laisser croire, Messieurs, que Liouville ne sortit jamais du cercle étroit dans lequel, par système, il enfermait sa discussion. Toutes les fois que la cause le lui permit sans préjudice pour son client, il brisa les chaînes qu'il s'était imposées et donna libre carrière à son imagination. Il eut alors ses heures d'éloquence et je manquerais à ma tâche si je ne vous en faisais ressouvenir.

Deux procès surtout, en ce genre, ont marqué dans la vie de

Liouville : je vous les rappelle, le premier parce qu'il se rattache à une calamité publique dont la mémoire douloureuse n'est pas encore effacée, le second parce qu'il fut l'une des rares occasions qui amenèrent Liouville à la barre de la Cour d'assises.

Vous devinez de quelle calamité je veux parler ; il s'agit de cet épouvantable accident arrivé le 8 mai 1842 sur le chemin de fer de Versailles.

Dans ce redoutable procès où tant de cris s'élevaient de toutes parts contre la Compagnie du chemin de fer, ce fut Bethmont qui la défendit, avec quelle grâce, avec quel charme, avec quelle sensibilité, vous le savez.

Liouville plaidait pour plusieurs des victimes. Il commença par reprendre l'instruction, il la suivit pas à pas, il releva patiemment toutes les fautes qu'avait commises l'administration, il les groupa, il les pressa les unes contre les autres ; il démontra que la catastrophe était venue de l'insuffisance du matériel, que la Compagnie cependant l'avait conservé tel qu'il était, à titre d'expérience, et il termina ainsi :

« C'est là, Messieurs, c'est dans ce fait qu'est toute la moralité du procès. Lorsque dans l'instruction j'ai lu ce mot fatal, que l'état où se trouvait le matériel était maintenu à titre d'expérience, je ne sais, mais il m'a semblé que cela n'était pas possible, tant cela était immoral ! Puis, convaincu par mes yeux, je me suis rappelé ce malheureux, couché sur un grabat, qu'entouraient des empiriques : « Qu'allons-nous faire ? » disaient ceux-ci dans une langue qu'ils ne croyaient pas connue du patient. « Faisons une expérience. » *Faciamus experimentum in anima vili.*

« Ici l'expérience a été faite, elle a été poussée jusqu'au bout, elle a eu pour théâtre Bellevue, pour matière 768 corps humains, pour instruments le fer et le feu, pour résultat 56 morts et 107 blessés.

« Brûlés par le feu et par l'eau, brisés par le fer et le bois, les malheureuses victimes n'ont pu arrêter les expérimentateurs en leur criant comme le malade de la fable : « *Anne anima vilis, pro qua Christus est mortuus ?* »

« Mais elles attendent une réparation ; mais elles espèrent que de leurs os sortira leur vengeur et que ce vengeur sera la justice (1). »

(1) La plaidoirie imprimée porte pour épigraphe :

Exoriare aliquis nostris ex ossibus ultor.

Virg. *Æneid.*, lib. IV.

Vous ne serez pas surpris, Messieurs, qu'après un tel discours, un des juges, ému jusqu'aux larmes, ait fait passer à Liouville ce mot écrit au crayon et qui s'est retrouvé dans ses papiers : « *Monsieur, votre plaidoirie a été trouvée admirable.* »

Le second procès que je veux rappeler à votre mémoire est celui du jeune Servient, traduit devant la Cour d'assises de Rouen, pour avoir tué en duel un étudiant en droit, nommé Delavarde. Liouville voulait que son frère, qui avait été le professeur de Servient à l'École polytechnique, vînt lui-même le défendre devant le Jury. Il pensait que la renommée du savant, l'éclat de sa parole et cette preuve d'affection singulière donnée par le maître à l'élève assuraient d'avance l'acquittement du prévenu. Son frère crut au contraire que l'intérêt de Servient lui commandait de laisser au jurisconsulte le soin de développer une cause où le droit était au moins aussi important que le fait. Je serais impuissant à vous retracer l'impression que produisit la plaidoirie de Liouville. Son client fut acquitté et cet acquittement valut pour lui toutes les félicitations dont chacun l'accablait. Si vous relisez ce plaidoyer, vous comprendrez que le président de la Cour, en descendant de son siége, soit venu presser la main de Liouville et lui dire : « *Vous n'avez pas fait un plaidoyer, Monsieur, vous avez rendu un arrêt et présenté une loi.* » Vous savez, hélas ! que la loi est encore à faire !

Laissez-moi vous citer un passage de ce discours, qui vous donnera la mesure de ce que pouvait être la parole de Liouville, quand il la délivrait des liens qui la retenaient à la terre. Le principal témoignage sur lequel s'appuyait la prévention était celui de la femme Labbé, maîtresse de Delavarde, et cause de ce duel qui avait amené la mort de son amant, comme elle avait été déjà la cause d'un premier duel où son père lui-même avait perdu la vie :

> « Le témoignage de la femme Labbé ! » s'écrie Liouville, et il répète avec un écrasant dédain : « Le témoignage de la femme « Labbé ! »
>
> « Elle a, vous a dit M. l'avocat général, déposé sous la foi du « serment !

« Sous la foi du serment! Mais sait-elle ce que c'est que la foi
« du serment!

« Mariée, n'a-t-elle pas tout à l'heure confessé son public
« adultère sans que la moindre rougeur ait coloré son visage?

« Unie à Delavarde, ne savez-vous pas que le jour même où
« le corps de son amant fut confié à la terre, elle vola, je ne
« dirai pas à d'autres amours, Dieu me garde de profaner ce
« nom sacré! mais à d'autres libertinages?

« Honte et déshonneur sur elle! Elle seule est coupable dans
« le drame sanglant dont votre audience est le dernier acte. Ar-
« rière ce témoignage impur! Ne faisons pas à cette femme
« l'honneur de la discuter. Laissons-la dans la boue où elle est
« descendue et où se mêlent indignés et le sang de son père et
« le sang de son amant. »

Il manquerait un trait essentiel au portrait que ma main inha-
bile essaie de vous tracer, si à côté de ces deux passages élo-
quents, je ne vous en citais un autre qui vous montrera Liouville
évoquant, jusqu'aux pieds de la Cour, le souvenir de son père,
cette idole de toute sa vie.

Il plaide pour une mère dont les enfants provoquent l'inter-
diction :

« Révolte, calomnie, cupidité, ingratitude, voilà tout ce qui
« est dans l'affaire, voilà tout ce que vous y verrez.

« Ingratitude des enfants envers leur mère, c'est-à-dire tout
« ce qu'il y a de plus odieux sur la terre.

« Élevé dans le respect le plus profond pour ceux qui m'ont
« donné le jour; habitué par leurs bienfaits à les bénir à chaque
« instant de ma vie, je n'ai jamais pu voir sans douleur et sans
« indignation l'ingratitude d'un enfant envers son père et sa
« mère. C'est un acte qu'on ne peut trop sévèrement blâmer,
« qu'on ne peut trop sévèrement punir.

« Ce n'est pas une faute! c'est un crime, et ce crime appelle
« toute la sollicitude, toute la sévérité des magistrats, car il
« souille les mœurs d'une nation (1). »

(1) A la suite de ce passage, on lit dans le plaidoyer imprimé la note
suivante :

« Que ce témoignage public de mon respect, de ma reconnaissance et
« de mon dévouement, aille vous trouver au fond de la Lorraine, ô le
« meilleur des pères! Les travaux de mon frère et les miens ont eu pour
« premier mobile et pour première récompense le désir de vous plaire,
« de vous payer de tant de soins et de sacrifices, et d'honorer la mémoire
« de notre bonne mère! Puisse notre amour faire la consolation de votre
« vieillesse comme le vôtre a fait le bonheur de notre vie! »

Juvénal a dit que l'indignation fait le poëte; elle fait aussi l'orateur.

Je ne puis entreprendre d'énumérer toutes les causes auxquelles Liouville prêta l'appui de son talent et l'autorité de sa parole.

Vous savez qu'il était l'avocat le plus occupé du palais; il lui arriva plus d'une fois d'avoir dans la même journée une affaire inscrite au rôle de chacune des chambres du tribunal et de la Cour. Il est cependant un genre d'affaires qui trouva en lui un défenseur précieux, et j'y dois insister. Les procès industriels méritent d'ailleurs à tous égards cette mention. Leur nombre qui s'augmente de jour en jour, leur importance qui s'accroît en raison même des progrès de l'industrie, la gravité des questions qu'ils soulèvent, la variété des connaissances qu'ils exigent les rendent entre tous intéressants pour l'avocat.

Autrefois de pareils procès étaient nécessairement inconnus. L'industrie ne date que de la Révolution, qui favorisa son essor en renversant les jurandes et les maîtrises et en consacrant le droit de propriété de l'inventeur. Tous les esprits alors se mirent à l'œuvre, et bientôt la science rêva ces prodiges qui firent soupçonner de folie ceux qui en émirent la première idée, prodiges dont nous demeurons aujourd'hui, nous, les derniers venus, les spectateurs indifférents! Tant est vraie cette parole de Biot : « *Rien n'est plus clair que ce qu'on a trouvé hier, rien n'est plus difficile à voir que ce qu'on trouvera demain.* »

L'esprit de Liouville se prêtait merveilleusement aux difficultés qui d'ordinaire hérissent ces sortes de procès. La première de toutes ces difficultés est le plus souvent de bien saisir l'invention, et c'est chose assurément fort ardue pour celui qui de sa vie n'a songé aux lois qui régissent la matière et permettent à ses divers éléments, selon que les causes extérieures varient, de prendre tel ou tel état, de s'attirer, se repousser, ou se combiner. Il faut alors refaire son éducation et tour à tour étudier la physique, la chimie, la mécanique ou même la géométrie; étude charmante pour ceux qui savent en surmonter le premier dégoût!

Telle était sur ce point la curiosité naturelle de Liouville que, même sans qu'il s'en aperçût et sous prétexte d'approfondir la question du procès, il finissait par pénétrer assez avant dans les régions scientifiques et par les explorer fort au loin.

Aussi excellait-il dans la discussion de ces affaires. Il avait d'ailleurs au plus haut degré cette science du professeur qui est de savoir se mettre à la portée de ses auditeurs, et trouver un langage approprié à leur ignorance. Il imaginait alors les démonstrations les plus ingénieuses, et les imposait, à force de lucidité, aux intelligences les plus rebelles. Que de fois le juge, après l'avoir entendu, se figura que la question du procès était la plus simple du monde ! Que de fois surtout, après avoir compris, il mit modestement sur le compte de sa perspicacité ce qui n'était pourtant qu'un miracle dû au talent de Liouville !

C'est ainsi qu'il devint le refuge et le consolateur de tous ces infortunés qui, pour avoir pris un brevet d'invention, se voient condamnés, comme on l'a dit spirituellement, *à quinze ans de procès forcés*. Consolateur est le mot, car, en gagnant leur cause, il leur fit accorder quelquefois des dommages-intérêts dont le chiffre était de nature à leur faire oublier bien des tribulations. On cite, entre autres, une affaire où son client obtint jusqu'à six cent mille francs de consolation. C'est pour cela peut-être qu'il arriva souvent que ceux qu'il avait défendus, *trop occupés sans doute à essuyer leurs larmes,* comme il le disait finement, ne se souvinrent plus de leur défenseur (1). C'est là une des petites misères, mais une des grandes gloires de notre profession. L'avocat est aujourd'hui le seul artiste qui fasse encore de l'art pour l'art et *réclame le doux privilége d'obliger des ingrats*. Liouville le goûtait avec délices et se croyait déjà payé parce qu'il appelait le *plaisir de plaider* (2).

(1) Dès que l'avocat a obtenu l'arrêt sauveur, travaux, fatigues, ennuis, inquiétudes, tourments, tout disparaît, tout s'envole : ses souhaits sont exaucés, son but atteint, son devoir rempli, il court à d'autres combats ; il oublie le service qu'il a rendu ; et — souvent — de son côté, le client, trop occupé sans doute à essuyer ses larmes, oublie son défenseur. F. LIOUVILLE, *Devoirs, honneur, avantages, jouissances de la profession d'avocat*, I, p. 29.

(2) Voilà le *plaisir de plaider* qui passe, disait un jour de Liouville son excellent ami Paillet en le voyant traverser la salle des Pas-Perdus.

Si grand néanmoins que fût ce plaisir, il le sacrifiait toujours aux intérêts qui lui étaient confiés, et ne manquait pas, avant d'entamer une affaire, de tenter une transaction amiable. Il savait bien qu'en agissant ainsi il s'aliénait plus d'un client, mais il savait aussi qu'il avait rempli son devoir d'honnête avocat, et dès lors les conséquences le touchaient peu.

Tant de travaux le mirent de bonne heure dans la nécessité d'appeler auprès de lui des collaborateurs. Il en eut jusqu'à trente-sept, et, chose digne de remarque, ils ont tous fait leur chemin. Ceux qui sont restés au palais y ont marqué leur place : deux d'entre eux, dont les noms nous sont chers, se sont assis au Conseil, du vivant même de Liouville et, à cette occasion, il se plaisait à répéter qu'il avait éprouvé autant de plaisir que lorsqu'il y était entré lui-même. Plusieurs autres sont députés au Corps-législatif, deux y représentent avec l'éclat que vous savez le parti de l'Opposition. Parmi les autres, on compte un ancien ministre, un préfet, un journaliste et plusieurs magistrats qui sont parvenus à des rangs élevés (1).

Liouville a été chef d'école au Palais, et ce mérite lui vint, je crois, de ce qu'il sut toujours établir une communication intime entre ses secrétaires et lui. Du jour où un jeune confrère entrait dans son cabinet, il devenait membre de la famille ; il trouvait là non-seulement des dossiers à étudier, mais encore une paternelle amitié qui ne devait plus lui faire défaut. Il ne restait pas sur le seuil du sanctuaire, comme il arrive souvent, mais il y pénétrait

(1) Voici la liste des secrétaires de Liouville écrite de sa main : MM. Desmarst et Allou, membres du Conseil de l'Ordre ; Ernest Picard, Émile Ollivier, Busson, avocats et députés au Corps législatif ; Durier, Adelon, Denormandie, Raimbault, Cresson, Boulloche, Vautrain, Bezout, Hubert Brière, Gournot, Triboulet, Patural, Rancé, Burdin, Pinondel, Du Boys, Papillon, Larnac, Seigneur, Achille Delorme, Ernest Lefèvre, Albert Liouville, avocats à Paris ; Gallois, avoué à la Cour ; Cochery, ancien administrateur des chemins de fer romains ; André Pasquet, rédacteur du journal *le Siècle*, Buffet, ancien ministre ; Chamblain, maître des requêtes au Conseil d'État, Merville et Chonez, avocats généraux ; auxquels il faut ajouter MM. Hacquin, Charmansat et Cardozo, aujourd'hui décédés.

avec les clients ; il assistait à l'interrogatoire que le maître leur faisait subir, et il apprenait ainsi l'art si difficile de faire dire à un plaideur tout ce qu'il sait. S'élevait-il une difficulté, il était consulté lui-même ; son avis était pris en considération, adopté quelquefois, d'autrefois rejeté, mais toujours discuté.

Liouville mettait ainsi tous ses soins à encourager ses secrétaires, les accoutumant à compter sur leurs propres forces, et se plaisant surtout à leur persuader que le parti auquel il s'arrêtait dans une affaire lui avait été suggéré par eux. Ce n'est pas tout ; il saisissait avec empressement l'occasion de les produire à la barre, et si l'occasion ne se présentait pas d'elle-même, il cherchait à la faire naître. Au sortir de son cabinet, il les suivait encore non-seulement de ses vœux, comme fait le plus grand nombre, mais encore de son amitié, qu'il savait rendre efficace, parce qu'il la faisait agir. Touchante intimité, dont j'apprécie mieux qu'un autre peut-être les bienfaits, pour en éprouver chaque jour moi-même l'ineffable douceur (1)l

Aussi l'on peut appliquer exactement à Liouville ces vers qu'en 1826 il écrivait à propos de la mort de David :

> O vous qu'il a formés, vous qu'il a soutenus,
> Au monument sacré que ma douleur élève
> Apportez vos lauriers : les palmes de l'élève
> Sont la gloire et l'honneur du maître qui n'est plus.

Je ne puis entreprendre de vous rappeler tous les traits qui marquent la bienveillance de son patronage ; ceux qui en furent l'objet vivent encore pour la plupart, et il ne m'appartient pas de profaner des souvenirs qu'ils conservent religieusement.

La notoriété de son nom, l'étendue de sa clientèle, l'austérité de sa vie, la franche cordialité de ses manières, tout désignait Liouville aux suffrages de ses confrères. Aussi, élu pour la première fois le 10 août 1840, c'est-à-dire dix ans jour pour

______

(1) Je serais un ingrat si je n'inscrivais au bas de cette page le nom de mon excellent et vénéré maître, M. Étienne Blanc. Qu'il reçoive ici le public mais bien faible hommage de ma reconnaissance !

jour après son inscription au tableau, il ne cessa d'être membre du Conseil de l'ordre jusqu'à sa mort.

Sa présence au Conseil fut marquée par plusieurs incidents qui lui permirent de montrer tout son respect pour le droit de la défense et la dignité de l'ordre.

En 1844, M. le premier président Séguier, qui jusque-là s'était contenté d'interrompre les avocats, même les plus éminents, et de leur faire des remontrances sur leur façon de plaider, laissa échapper, en s'adressant à l'un d'eux, des paroles qui parurent au Conseil un outrage pour le Barreau tout entier. Il s'assembla, et sur la proposition de Liouville, il se décida, quelles que fussent les conséquences de sa détermination, à se retirer des audiences présidées par M. Séguier.

Après plusieurs tentatives de réconciliation, contre lesquelles Liouville, emporté par son ardeur, fut un des seuls qui protestèrent, les audiences de la première chambre de la Cour furent abandonnées. Réprimandé par un arrêt, le Barreau persévéra dans sa résolution et laissa aux avoués le soin de plaider pendant tout le reste de l'année judiciaire.

Il ne m'appartient pas de vous dévoiler le secret des délibérations du Conseil. Tout ce que je puis dire, c'est que Liouville voulait qu'on désertât non seulement les audiences de la première chambre, mais toutes les autres; il était prêt à sacrifier sa position, sa fortune, et, si l'on eût suivi son avis, on n'eût pas accepté comme des excuses les paroles, selon lui insignifiantes, que M. Séguier prononça dans son discours de rentrée. Cette exagération d'un sentiment aussi honorable ne nous semble-t-elle pas son plus bel éloge?

Le 6 janvier 1860, malade, presque mourant, il voulut encore nous donner une preuve de son dévouement à la profession. L'un de nos confrères les plus aimés, l'un de ses anciens secrétaires, venait d'être frappé d'une peine disciplinaire, au moment même où il commençait sa plaidoirie pour M. Vacherot. Vous vous souvenez de la condamnation et des causes qui l'amenèrent, ce n'est pas ici le lieu de les apprécier. Dès que cette

nouvelle parvint à Liouville, il envoya sa démission au Conseil,
et il y joignit la lettre suivante :

« Monsieur le bâtonnier,
« Je viens vous prier d'agréer et de faire agréer au Conseil de
« l'Ordre ma démission de membre du Conseil. Je n'ai pas
« besoin de vous dire que ce n'est pas sans plus d'un regret que
« j'ai pris cette détermination. La circonstance même qui m'y
« conduit est, pour moi comme pour nous tous, un vif sujet de
« douleur. Mais je serai le plus heureux des hommes, si l'Ordre
« tout entier peut trouver dans cette circonstance l'occasion de
« manifester, d'une manière éclatante, l'inviolable attachement
« qu'il porte à l'attribut capital de notre profession , *la liberté*
« *de la défense.* »

La démission fut refusée, mais le fait n'en reste pas moins
à l'éternel honneur de Liouville.

Vous venez de voir en lui l'avocat : je vous l'ai montré à
toutes les heures de sa vie active et militante, dans son cabinet,
à la barre, au conseil ; mais le mois de septembre est arrivé,
le palais est désert, c'est le temps des vacances. Liouville n'at-
tend pas une heure, pas une minute : il oublie ses travaux, il
délaisse ses dossiers, il retrouve sa gaîté ; il s'envole vers sa
chère Lorraine. C'est là qu'il va retremper son esprit, c'est
là qu'il va évoquer tous les souvenirs de sa vie, les plus doux,
les plus amers. Jeune homme, c'est à Toul qu'il a commencé
de penser ; c'est à Toul qu'il s'est lié avec ses premiers compagnons dont l'amitié le suivra jusqu'au dernier jour et survivra
même à la mort ; c'est à Toul que chaque année il les ras-
semble autour de lui. Là aussi est la maison où son père , après
bien des labeurs, après bien des traverses , a pu goûter le repos
dû à sa vieillesse ; là est la tombe de ce père adoré ; c'est là
enfin qu'il a passé des jours bénis du ciel avec sa compagne
bien-aimée, cet ange du foyer domestique, sitôt disparu !

Aussi, avec quel ravissement mêlé de douleur il la revoit, sa
chère ville de Toul (1) ! A peine a-t-il mis le pied sur cette autre

(1) Toul était devenu sa ville d'adoption. Il y a laissé de nombreux et
dévoués amis, et les regrets que sa perte a excités sont si profonds, que
le Conseil municipal, pour en consacrer le souvenir, a fait placer son
buste dans l'un des salons de la Mairie, au milieu des illustrations dont
s'honore la ville.

terre promise, à peine a-t-il aperçu son antique cathédrale et ses
cloîtres sombres, sous les voûtes desquels, enfant, il joua si
souvent, il se sent inspiré, il devient poëte, oui, poëte. Ecoutez-
le chanter :

> C'est là qu'on trouve l'innocence,
> L'honneur malgré la pauvreté,
> Les vrais travaux et le silence,
> L'auguste et sainte liberté !
> Là, je puis être avec moi-même,
> Et seul accoutumer mon cœur
> A méditer l'instant suprême,
> En paix, sans désir et sans peur.
> Aux amis seuls ma porte s'ouvre,
> Et nous passons tous nos moments
> Dans ces tendres épanchements
> Où le cœur parle et se découvre.
> Ces entretiens délicieux
> Sont charmés par la poésie :
> Bons vieux auteurs, troupe choisie,
> Vous êtes toujours sous nos yeux,
> Et nous savourons l'ambroisie
> De vos vers, écrits pour les Dieux !
>
> Je puis alors braver l'orage
> Où l'univers est emporté.
> Le flot menace en vain la plage,
> Sa fureur expire au rivage ;
> Sans péril, je vois le naufrage
> Et gémis sur l'humanité.
> Que l'aquilon gronde et renverse
> Les temples des rois et des Dieux,
> Le zéphyr pour moi souffle et berce
> La branche où pend mon nid joyeux !
> Ainsi sur l'océan tranquille
> L'alcyon plane en liberté
> Et voit par la vague mobile
> Balancer le berceau fragile,
> Espoir de sa postérité !

Ah ! puisque je vous ai parlé de ce côté charmant du cœur
de Liouville, laissez-moi vous dire qu'à tous les instants de sa
vie, même au temps où elle fut le plus absorbée par les affaires,
ce fut par des vers aussi touchants qu'il consacra le souvenir de
ses joies et de ses douleurs. Que ne puis-je vous les citer tous !
Vous sentiriez combien se sont trompés ceux qui n'ont vu dans

Liouville qu'un fanatique de la procédure ; vous comprendriez alors tout ce qu'il y eut de sensibilité dans cette âme ouverte à toutes les nobles pensées. Elle était si grande, qu'il ne pouvait assister à une pièce de théâtre, entendre ou seulement lire le récit d'une action généreuse, sans verser aussitôt des larmes.

Mais de tous les sentiments auxquels il abandonna son cœur, celui qui fut le plus profond peut-être, ce fut son amour pour la liberté. Tout lui était occasion pour la célébrer. L'empereur Napoléon meurt à Sainte-Hélène, Liouville s'écrie :

> Liberté ! liberté ! dont les nobles images
> Sous son règne fatal subirent tant d'outrages,
> Que de fois tu gémis des fers qu'il t'imposa !
> Maintenant qu'il n'est plus et que la nuit profonde
> Dévore ce géant qui dévorait le monde,
> Pardonne-lui ce qu'il osa.

Et de même, lors des funérailles du général Foy :

> Liberté ! c'est pour toi qu'il combattit sans cesse,
> A la tribune et dans les camps !
> C'est toi qu'il défendit par ses travaux constants !
> Aux pieds de tes autels il voua sa jeunesse ;
> Il eût donné son sang pour ton noble drapeau ;
> Si la mort l'a trouvé fidèle à sa promesse,
> Sois donc fidèle à son tombeau.

Mais c'est lorsqu'il apprend que Bolivar, enivré par le pouvoir suprême, veut abuser des droits que lui a conférés le peuple pour s'emparer du diadème, c'est alors qu'il éclate :

> Hélas ! il est donc vrai, la liberté mourante
> En cent climats divers en vain porta ses pas !
> Partout elle a trouvé la vertu gémissante,
> Les peuples opprimés sous le fer des soldats ;
> De l'or pour l'acheter, des lâches pour la vendre,
> Et de perfides mains prêtes à l'égorger !
> Pas un soldat pour la défendre,
> Pas un ami pour la venger !

Ces vers vous font assez voir quel citoyen fut Liouville, et ce qu'il eût fait s'il eût été appelé aux affaires. Trois fois il fut sur les rangs pour la députation. Ses deux premières candidatures eurent le tort de se produire dans un département autre que celui de la Meurthe, où il était universellement connu et aimé ; mais il avait exigé que son frère se présentât dans ce département ; il ne voulait être élu qu'après lui. La dernière fois, ce fut à Paris qu'il fut porté candidat de l'opposition, et il n'accepta que par dévoûment. Tous les chefs du parti démocratique avaient refusé, et le candidat du gouvernement — puisque le mot et la chose existent — s'offrait aux suffrages dans une triomphante solitude. Liouville déposa son serment à la dernière heure ; mais il ne voulut faire aucune démarche, ni publier aucune profession de foi. Il pensait que les idées qu'il représentait triompheraient d'elles-mêmes. Son concurrent l'emporta.

Liouville trouva, du reste, le moyen de servir son pays autrement que comme député. Président du Comité républicain du barreau de Paris, il s'efforça d'unir dans une même pensée démocratique tous les barreaux de France. Membre de la commission instituée par le Gouvernement provisoire pour préparer une loi nouvelle sur l'organisation judiciaire, il a coopéré à la rédaction d'un projet qu'on n'a pas oublié et qu'on reprendra plus tard. Enfin, en 1851, convaincu que l'arrestation des représentants n'était pas légale, il ne resta pas inactif et joignit ses efforts à ceux des hommes qui eurent la pensée d'invoquer la loi pour délivrer les mandataires du pays.

C'est ainsi qu'il suivit toujours la ligne droite, sans jamais en dévier, aimant la liberté par-dessus tout et la faisant aimer à ceux qui l'entouraient. « *Aime-la*, écrivait-il à l'un de ses fils, *c'est la vie des peuples, c'est leur sang ; quand il ne bat plus dans leurs artères, ils meurent.* »

Une vie si pure devait être récompensée par le Bâtonnat. Liouville le désirait ardemment. Il avait rêvé que son père, avant de s'éteindre, verrait auprès de lui ses deux fils, illustres chacun dans sa carrière, l'un membre de l'Institut, l'autre bâtonnier de l'Ordre des avocats. La moitié seulement de ce beau rêve s'accomplit. Son père n'était plus quand, en 1856, Liouville reçut le Bâtonnat. Cette haute dignité lui parut alors moins désirable ; ce n'était pas pour lui même qu'il avait souhaité de l'obtenir, et les honneurs qu'elle lui attiraient le rappelaient plus douloureusement encore au sentiment du vide irréparable qui s'était fait autour de lui. Il chercha une consolation dans les labeurs que lui imposaient ses nouvelles fonctions, comme autrefois déjà, après la mort de sa femme et la perte de plusieurs enfants, il s'était réfugié dans le travail, ce divin champ d'asile de toutes les douleurs, de toutes les défaites. Il résolut, quelle que fût la gloire de ses prédécesseurs, de les égaler, sinon de les surpasser ; il voulut, lorsqu'il descendrait du rang suprême où l'affection de ses confrères l'avait appelé, laisser un monument éternel de son élévation.

Et voilà pourquoi il nous a donné ces quatre admirables Discours, modèles de raison, modèles d'éloquence, modèles de style ; ces discours qui forment ensemble le code de l'avocat, du citoyen, de l'homme de bien ; et qui vivront aussi longtemps que vivra notre profession (1).

Vous avez ces discours entre les mains, vous les avez lus, relus, souvent médités ; vous savez tout ce qu'ils contiennent ; vous savez que depuis le plus petit détail sur l'art de composer son geste et sa voix jusqu'à ces sentiments élevés de vertu, de courage, de patriotisme, sources éternelles de l'éloquence, rien n'y est omis. Vous ne me pardonneriez donc pas une froide analyse

---

(1) Voici les titres de ces quatre discours :

Profession d'Avocat, I, Devoirs, honneur, avantages, jouissances de la profession d'avocat, suivi de l'éloge de Mᵉ Paillet. Paris, 1857, in-4°.

Il en a été publié une seconde édition. Paris, Cosse et Marchal, 1857, in-12.

Profession d'Avocat, II, le Stage. Paris, mars 1857, in-4°.

Profession d'Avocat, III, la Plaidoirie avec un appendice sur les mémoires et consultations. Paris, août 1858, in-4°.

Profession d'Avocat, IV, Lois et règlements depuis Charlemagne. Paris, décembre 1859, in-4°.

et je me garderai de la faire. Laissez-moi seulement vous rappeler une page de ces discours qu'on ne peut oublier après l'avoir entendue :

> « Les Scribes et les Pharisiens, dit Liouville, ont accusé de
> « sédition l'IDÉE NOUVELLE ; ils l'ont fait saisir au milieu de
> « disciples ; ils l'ont garottée et publiquement flagellée.
>
> « Ils lui ont, par dérision, mis en main un sceptre de roseau
> « et sur la tête une couronne d'épines.
>
> « Ils l'ont fait condamner à mort, l'ont conduite au sommet
> « du Calvaire, la croix sur le dos, et l'ont attachée au gibet,
> « entre d'ignobles larrons.
>
> « Après avoir tiré au sort sa tunique, ils ont scellé la lourde
> « pierre qui couvrait son tombeau et l'ont entourée de leurs
> « gardes les plus fidèles.
>
> « Mais, au jour marqué, la pierre du sépulcre s'est soulevée
> « d'elle-même, et l'IDÉE, victorieuse de la mort, est remontée
> « triomphante aux cieux, tout en continuant à tenir embrassée la
> « terre dont elle avait, par son supplice, achété la conquête (1). »

Je manquerais aux sentiments de reconnaissance du jeune barreau, si je n'ajoutais que nul ne mérita peut-être mieux que Liouville le glorieux surnom de *Patron de la jeunesse* ; il s'en occupa avec prédilection, allant au-devant des timides, encourageant les forts, inspirant à tous l'amour du travail dont il était lui-même dévoré.

En 1858, il ressentit plus vivement les atteintes d'un mal qui le minait sourdement et que jusque là il n'avait combattu que par un labeur opiniâtre. Les plus grands médecins de Paris furent consultés. Ils lui ordonnèrent de cesser tous ses travaux et d'aller en Italie chercher un climat plus doux. Liouville partit avec sa fille et commença, à travers cette terre enchantée des beaux-arts, ce douloureux pèlerinage vers la mort que quelques années auparavant Philippe Dupin, malade, épuisé, avait accompli lui-même.

Comment peindrais-je les souffrances qui torturaient son

(1) Félix LIOUVILLE. *Profession d'Avocat.* III. La Plaidoirie, p. 77.

corps déjà débile, sans troubler jamais la sérénité de sa belle âme ? Comment dirais-je les naïfs enthousiasmes de l'artiste en face des beautés de cette nature privilégiée, en face des œuvres immortelles de Raphaël et de Michel-Ange ? Comment raconterais-je surtout les rêves où se plongea le penseur devant ces monuments d'un autre âge, témoins éternels de tant de gloire écroulée, de tant de grandeur déchue, de tout un peuple géant évanoui ?

Ce qui toucha surtout Liouville, dans ce voyage, ce fut le fraternel accueil qu'il reçut du barreau d'Italie. Dans toutes les villes, les avocats vinrent lui rendre visite, l'entourèrent de soins, délicats, et lui prouvèrent que les hommes de notre profession, quelle que soit leur langue, quelles que soient leurs mœurs, se considèrent partout et toujours comme les membres d'une grande et même famille.

Il vint à Naples. Ferdinand régnait encore, et la terreur avec lui. Les canons braqués sur la ville la faisaient ressembler à un immense bagne. Les prisons regorgeaient. Le roi, sans cesse menacé par les assasins, était réduit, comme le Pygmalion dont parle Fénelon, à changer de résidence chaque soir, à l'insu de tous, afin d'assurer son repos de la nuit. Étrange plaisir, que celui de gouverner les peuples malgré eux !

Au moment où Liouville arriva à Naples, un Français, M. d'Agiout, se voyait violemment retirer, au mépris de ses droits, la concession du chemin de fer de Tarente, qu'il avait régulièrement obtenue, et dans l'exploitation de laquelle il avait engagé toute sa fortune. Ainsi le voulait le caprice du roi; il lui avait plu d'accorder, il lui plaisait de reprendre : Il fallait se soumettre. C'était du moins le conseil qu'on donnait de toutes parts à M. d'Agiout.

Liouville fut, au contraire, d'avis de la résistance, et, prenant lui-même la plume, bravant les périls qu'il pouvait attirer sur sa tête, et dont sa qualité de Français n'eût pas suffi à le garantir, il osa rédiger contre le ministère un mémoire qui restera comme un chef-d'œuvre de lucidité, de courage et d'esprit :

> « Dans ce monde, écrit-il, tout pouvoir a ses bornes, tout
> « pouvoir a ses lois. La Divinité elle-même a ses lois, a dit
> « Montesquieu. Comment les gouvernements n'en auraient-ils
> « pas? »

Et ailleurs, répondant au ministre qui avait menacé les défenseurs de M. d'Agiout, il s'écrie :

> « L'auteur des observations ne sait pas encore que l'insulte et
> « la calomnie ne sont qu'un aveu d'impuissance. Il ignore que
> « lorsqu'un avocat, digne de ce nom, a embrassé une juste
> « cause, l'intimidation n'arrive pas jusqu'à son cœur. Enfin, il
> « lui reste à apprendre que cet avocat succombât-il, d'autres
> « prendraient immédiatement sa place, parce qu'il en est de ces
> « courageux défenseurs du Droit et de la Vérité, comme du ra-
> « meau d'or, toujours renaissant, qu'a chanté le poëte immor-
> « tel dont Naples garde le tombeau. »

Ce fut le chant du cygne; Liouville commençait à ne plus pouvoir écrire lui-même ses lettres, et c'est une autre main que la sienne qui traça celle-ci , où vous l'allez voir à Palerme, triste, languissant, mais se consolant de tous ses maux dans son amour paternel :

> « Mon cher enfant,
>
> « La pluie tombe, et la grêle avec elle, sur la terrasse qui
> « borde ma fenêtre. J'aperçois de ma chambre la mer furieuse
> « qui blanchit et qui bat les quais. L'éclair, le tonnerre et la
> « tempête, voilà tout ce qui nous entoure. Les montagnes qui
> « forment le golfe de Palerme sont couvertes de neige. L'air
> « est froid, et tout cela dure depuis deux jours. Je n'ai pas be-
> « soin de dire que ces belles horreurs entraînent à leur suite
> « la toux, le râle et l'étouffement. Mais tout cela est oublié, et
> « nous trouvons que le temps est le plus beau du monde, puis-
> « que l'épine du premier examen de doctorat t'est sortie du
> « pied. Cette nouvelle nous a causé le plus grand plaisir. Le
> « soleil peut nous faire attendre. »

Mais le mal faisait chaque jour de nouveaux et terribles progrès. Sa vue commençait à s'obscurcir; il revint en France, conduit par celle qu'il appelait en souriant sa chère Antigone. Un oculiste célèbre, qu'il alla consulter, lui apprit que l'affaiblissement de sa vue n'était que l'effrayant symptôme d'une mort inévitable et prochaine. Ce coup inattendu frappa Liouville sans l'étonner. Il s'était dès longtemps accoutumé à regarder la mort en face. Il conserva pour lui seul le secret de la sentence qu'il venait d'entendre ; il encouragea les siens jusqu'au dernier instant et chercha toujours à leur communiquer une espérance qu'il avait perdue lui-même.

Au milieu de ses douleurs, c'est à nous, ses chers stagiaires, *ses enfants*, comme il nous appelait, c'est à nous qu'il songeait encore. Et telle était sa sollicitude que, craignant de mourir sans testament, il ne cessait de recommander à ses enfants le legs qu'à l'exemple de Paillet il destinait au Conseil, pour lui permettre de fonder un prix (1).

(1) Il a tracé, quelques mois avant de mourir, de sa main affaiblie par la maladie, la disposition suivante :

« Je lègue à l'Ordre des Avocats à la Cour de Paris une inscription au grand livre de l'État trois pour cent d'une rente annuelle de cinq cents francs pour être employée à récompenser et encourager celui ou ceux des Stagiaires qui paraîtront au Conseil de l'Ordre avoir le plus de droits à cette distinction. Je désire que la distribution de cette récompense ait lieu tous les deux ans et alterne avec celle de Paillet, de manière à ce que chaque année les Stagiaires profitent tantôt de l'une tantôt de l'autre. Cependant je laisse le Conseil de l'Ordre maître absolu du mode de distribution. — Ce legs sera exempt de tous droits.

« Paris, 14 décembre 1859.   « Félix LIOUVILLE,
                                                                          « ancien Bâtonnier. »

Notre ancien Bâtonnier Bethmont ayant, à l'exemple de Paillet, et dans la même pensée que Liouville, fait un legs semblable à l'Ordre, le Conseil réglementa ainsi qu'il suit l'exécution des trois dispositions :

Délibération du 19 juin 1860.

. . . . , ...

ART. 1er. Les fruits de chacune des trois rentes léguées par les donateurs seront consacrés à des distributions à faire à titre de récompense soit en cadeau de livres, soit autrement aux jeunes avocats inscrits au tableau du stage qui seront jugés dignes de cette distinction.

A cet effet, les fruits de chacune des rentes seront accumulés séparément pendant trois années, et, tous les ans, la distribution s'en fera, savoir : une première année des fruits de la fondation de M. Paillet, l'année suivante des fruits de la fondation de M. Bethmont, et la troisième année des fruits de la fondation de M. Liouville.

ART. 2. . . . . Une médaille destinée à rappeler les fondations de MM. Paillet, Bethmont et Liouville sera remise à chacun des stagiaires désignés.

Elle portera sur l'une de ses faces le millésime de l'année avec la mention du prix distribué au stagiaire choisi par le Conseil, au nom de l'un des trois fondateurs ; sur l'autre face seront inscrits les noms réunis des trois fondateurs.

Cependant, ses jours étaient comptés, et déjà il pouvait mesurer lui-même l'intervalle qui le séparait encore de l'instant suprême. Il l'attendit en philosophe et en sage, et peut-être alors méditait-il en son esprit cette pensée de Lamennais qui s'est retrouvée dans ses papiers écrite tout entière de sa main :

« O mort! ô douce mort! que l'on est injuste envers toi! Fille
« de Dieu, mère des êtres qui les enfantes à l'existence réelle, qui
« leur ouvres l'entrée de l'immense avenir, qu'est-il pour eux de
« plus bienfaisant que ta puissance, de plus sacré que tes fonc-
« tions, de plus désirable que ta venue! »

La Providence lui réservait encore une joie sur la terre ; il put embrasser le fils de son fils : ce fut la dernière, et, le 7 avril 1860, au moment même où la nature renaissait autour de lui, après une apparence de mieux qui n'était que le présage de sa fin, il rendit à Dieu son âme.

C'est ainsi qu'il mourut, si c'était là mourir !

Qu'ajouterais-je à ce tableau déchirant? Vous étiez tous parmi cette foule innombrable qui suivit en pleurant son cercueil, et vous n'avez pas oublié le deuil immense qui, dans tous les rangs de la nation, accueillit cette perte cruelle, justifiant ainsi le mot du poëte : La mort de l'homme de bien est une calamité publique (1)!

Voilà cette vie que j'avais à vous raconter ; la voilà dans ses mystères les plus intimes, dans ses replis les plus cachés. Il vous reste à la juger. Mais pour emprunter le langage de Bossuet, les choses ici ne parlent-elles pas assez d'elles-mêmes, et l'éloge de Liouville n'est-il pas dans tous ses actes, dans toutes ses paroles et jusque dans ses pensées ?

Va donc rejoindre aux cités merveilleuses de l'infini ces intrépides compagnons, tombés avant toi dans la lutte, grands avocats, grands citoyens! Va prendre place parmi les glorieux

____

(1)   Multorum calamitate vir moritur bonus !
Publius Syrus.

ancêtres de notre ordre ; tes vertus et ton talent t'égalent aux plus dignes.

Il serait trop désolant de croire que tout finit pour l'homme sur le bord de la tombe, et que nous ensevelissons dans la terre, avec son cadavre déjà décomposé, et son intelligence, et son génie, et son amour !

Quel que soit d'ailleurs le dernier mot de cette terrible énigme, toi, du moins, Liouville, tu ne mourras pas tout entier. Tu vivras éternellement dans notre souvenir ; ton image éternellement vivra dans nos cœurs, et nous te retrouverons encore dans tes nobles enfants ! Avec eux nous nous inspirerons de tes exemples, avec eux nous méditerons tes paroles, avec eux nous marcherons sur tes traces !

Alors, nous nous répéterons les uns aux autres ce mot d'ordre, qui fut celui de toute ta vie, et que d'une voix défaillante tu nous criais encore en mourant : *laboremus!*

Oui, nous travaillerons, et nous serons honnêtes par le travail, et, par le travail aussi, nous serons grands.

Ce sera ta récompense.

Et maintenant, Liouville, tes confrères assemblés t'ont jugé : Va donc à la postérité.

19139 Paris. — Typographie et lithographie Renou et Maulde, rue de Rivoli, 144.

www.ingramcontent.com/pod-product-compliance
Lightning Source LLC
Chambersburg PA
CBHW051743050726

47598CB00003B/1311